“遗”脉相承，老祖宗的传家宝

传统医药

丛书主编　王文章
本书主编　余　会
绘　　图　叶乙树
封面设计　管小辉

中国大百科全书出版社

图书在版编目（CIP）数据

“遗”脉相承，老祖宗的传家宝．传统医药／《“遗”脉相承，老祖宗的传家宝》编委会编．——北京：中国大百科全书出版社，2018.3

ISBN 978-7-5202-0230-5

Ⅰ．①遗… Ⅱ．①遗… Ⅲ．①中华文化—青少年读物②中国医药学—青少年读物 Ⅳ．①K203-49 ②R2-49

中国版本图书馆CIP数据核字（2018）第008567号

社　　长：刘国辉

选题策划：连淑霞　　丛书责编：余　会　　营销编辑：刘　嘉

责任编辑：李　静　　版式设计：张　磐　　责任印制：魏　婷

出版发行：中国大百科全书出版社　　http://www.ecph.com.cn

社　　址：北京阜成门北大街17号　　邮政编码：100037

印　　刷：北京顶佳世纪印刷有限公司

开　　本：889mm×1194mm　1/16　　印张：2　字数：30千字

版　　次：2018年3月第1版　　2018年3月第1次印刷

ISBN 978-7-5202-0230-5　　定价：36.00元

（如发现印装质量问题，请与本社联系调换，电话：88390713）

寄语

非物质文化遗产世代传承，与人们的日常生活紧密相连，很多都表现为人们的生活方式和生产方式。在现代化进程中，虽然人们的生活方式和生产方式都在改变，但这些文化遗产中寄寓的人类的智慧、精神、情感，仍然是我们徜徉的精神家园，也是我们文化创新和文化自信的重要根基。习近平主席强调坚持文化自信，强调立足中华优秀传统文化，培育和弘扬社会主义核心价值观。我们更应珍视中华民族优秀的非物质文化遗产，要以自觉意识参与保护，从而在珍视和保护中细雨入心，以文化人，坚定文化自信。

《“遗”脉相承，老祖宗的传家宝》儿童绘本的出版，正是从儿童抓起，为儿童提供认知非物质文化遗产的图文并茂、形象生动的读物，在他们幼小的心灵里播下中华民族世代相传的文化的种子，厚植民族文化的基因。

《“遗”脉相承，老祖宗的传家宝》注重从核心思想理念、中华传统美德、中华人文精神三个层面挖掘探求非物质文化遗产内涵，并全面展示我国具有代表性的非物质文化遗产的鲜明特征及其传承发展的社会和自然生态环境。难能可贵的是，绘本深入浅出，化繁为简，捕捉灵魂，将非物质文化遗产的知识体系融入生动细致的手绘插画之中，让孩子们阅读起来既汲取知识，又可感受审美意趣。相信它的出版，会为儿童阅读带来乐趣，也会为孩子们认知非遗价值，学习非遗知识，唤起保护意识起到良好作用。

王文章

2018年2月8日

目录

同仁堂
中医药文化

在北京，你常常会看到挂着“炮制虽繁必不敢省人工，品味虽贵必不敢减物力”楹联的同仁堂，这句话正是同仁堂历来遵守的古训。

作为传统医药行业闻名遐迩的老字号，它始终秉承“同修仁德，济世养生”的价值观，注重“讲信义，重人和”的经营理念。历经300多年的发展，同仁堂凭借过硬的质量和仁义道德，见证了时代的变迁，有着极好的口碑。

同仁堂中医药文化

申报时间：2006
申报类别：传统医药
申报地区：北京市

历史

同仁堂始建于1669年。从1723年开始“承办官药”直至1911年，在长达188年时间里，同仁堂遵照皇家挑选药材标准、恪守皇宫秘方和制药方法，形成一套严格的质量监督制度，同仁堂与清宫太医院、御药房之间有机的融合和影响，形成了同仁堂中药的特殊风格和传统知识。

现状

目前，原有的传统中药炮制技术和制药特色面临着生存发展的困境，传统的制药方法受到束缚，同仁堂为保护这一优秀的传统文化做着不懈努力，现已拥有境内、外两家上市公司，几百家连锁店。

自制名药

安宫牛黄丸　具有清热解毒、开窍醒神功效的急救用中成药。来源于《温病条辨》，成分有牛黄、人工麝香、黄连、黄芩、栀子、郁金、冰片等。

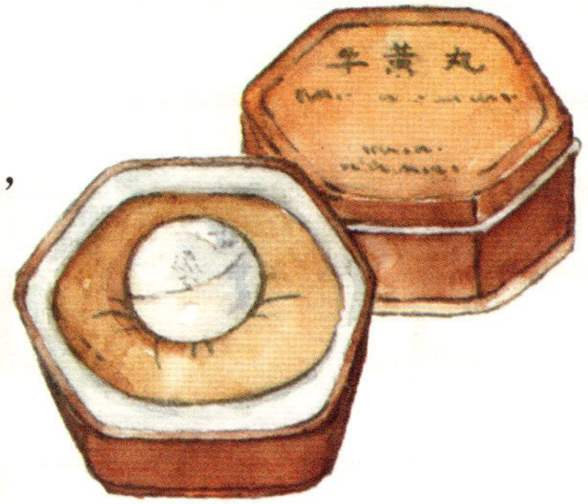

乌鸡白凤丸　具有补气养血、调经止带作用的中成药。治疗气血亏损、阴精不足导致的月经不调、崩漏带下等病症。来源于《寿世保元》。因主药是乌鸡皮、肉、骨、嘴都是乌色，身上的羽毛都是白色，因此而得名。

大活络丹　具有祛风、除湿、活络止痛、补气养血、滋阴助阳作用的中成药，来源于《兰台轨范》。因功效与祛风通络的小活络丹功效相近，但用药精良、主治广泛，因此叫做大活络丹。

同仁堂总店

同仁堂总店位于北京前门外大栅栏，共两层。店内设有问病问药处，并有中医坐堂看病、代客煎药、来信购药、代为邮寄等便民服务。一走进去，就能感受到这家老字号的非凡气质。

同仁堂的故事

相传，康熙得了一种怪病，浑身发痒，皮肤上布满了小红点。宫中御医把名贵药材都用遍了，就是不见起色。

这天，康熙独自出宫微服夜游，在街上发现一个小药铺。进屋后，康熙看见正在烛光下夜读的郎中赵桂堂，便向他述说了病情。赵桂堂让康熙脱去上衣，看了一眼便说是因为平日吃山珍海味太多了，再加上长期吃人参，火气上攻所致。随后，郎中给了康熙帝约七八斤大黄，让他回去煮水洗浴。

康熙回宫后，便按郎中所嘱，连洗三遍，病真的好了。

康熙十分高兴，又微服来到小药铺。赵桂堂此时仍不知康熙的身份，婉拒了担任御医的提议，并说平生之愿是建一座大药堂，为天下老百姓治病。康熙依言行事，帮助赵桂堂建起一座大药铺，取名“同仁堂”。

针灸

通常我们生病后是依靠吃药打针来缓解，但有时可通过针灸来治疗——无需吃药打针。你见过在人体内刺入多根细针、点燃艾条熏烤皮肤吗？这就是中华民族博大精深的针灸疗法。

针灸是一门古老的科学，是针法和灸法的总称。针法，是把特制的金属针刺入人体穴位；灸法，是把艾绒搓成艾条点燃后熏烤穴位表面的皮肤。这样做可以疏通经络、调理气血，从而预防或治疗疾病。

针灸

申报时间：2006
申报类别：传统医药
申报地区：中央
（中国中医科学院、中国针灸学会）

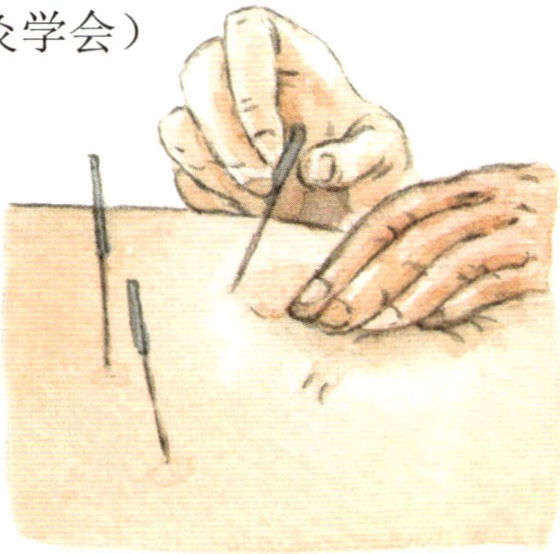

历史

最初针灸只是一种医疗手段，后来发展为一门学科。传说，针灸起源于新石器时代，那时候的针刺工具竟然是尖利的石块，被称为“砭石”，后来被金属针取代。

由于针灸治疗效果显著而且副作用小，所以早在唐代就传播到了日本、朝鲜等国家和地区，繁衍出一些具有异域特色的针灸医学。到目前为止，针灸已经传播到世界一百四十多个国家和地区，为保障全人类的生命健康发挥了巨大的作用。

现状

如今，针灸疗法受到人们的广泛信赖，它的适用范围很广，可以治疗内、外、五官等各科的多种疾病。

针灸是中华民族智慧的结晶，是全人类文明的瑰宝，我国政府对针灸临床、针灸科学研究也极其重视。1987年11月，由中国筹建的世界针灸学会联合会宣告成立，总部设在北京。

临床应用

针灸治疗　针灸的适用范围很广，内、外、伤、妇、儿、五官、皮肤等科都有许多适用针灸治疗的病症。

针刺麻醉　这是麻醉方法的一种，安全、副作用小、手术之后疼痛轻、伤口愈合快。针刺麻醉已应用于 100 多种外科手术。目前临床已不使用针刺麻醉，而用西医的药物麻醉。

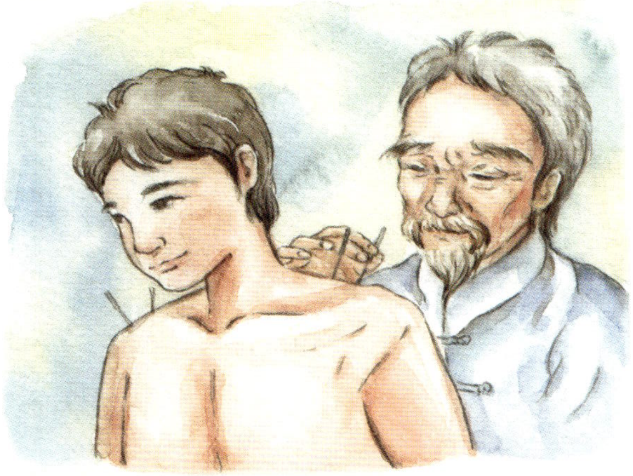

针灸保健　这是我国古老而独特的养生方法之一，可以疏通经络、强身健体。早在《黄帝内经》中，就把掌握了针灸保健技术的医生称为“上工”。

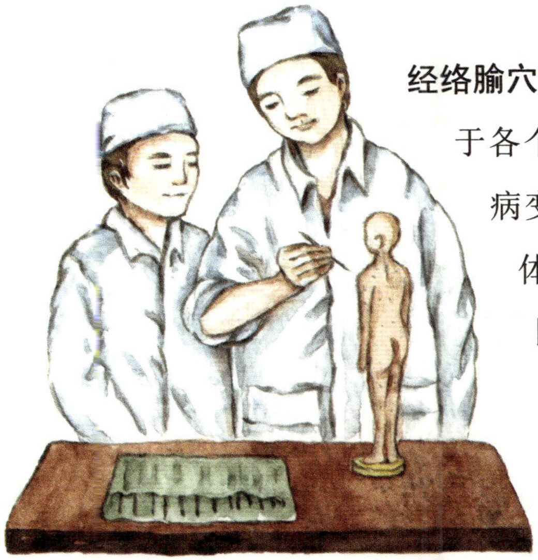

经络腧穴诊断　在人体内经络分布于各个地方，一旦体内器官有病变，就会通过经络表现在体表的相应部位。根据中医经络学说，通过检查经络腧穴部位的病理反应来辨别疾病。

黄帝内经

这是我国现存最早的中医理论经典著作，也是中医学的奠基之作。书中有大量关于针灸的论述，对当今针灸研究和临床有重大价值。比如，认为针灸治疗应考虑到人体是一个整体，是相关联的。再如，先要诊断患者疾病的表里、虚实，再来确定针刺治疗的穴位、手法等。

一针两命的故事

一次，孙思邈从山上采药回家，路上看见有人抬着一副棺材，棺材缝里不断有鲜血往下滴，后面还跟着一个伤心欲绝的老婆婆。

孙思邈上前一问，才知道是老婆婆的女儿因难产而死亡。他思忖了一下，问道：“能让我看一下吗？我看她流出的血，可能还有希望！”老婆婆马上叫人把棺盖打开。孙思邈仔细摸了摸“死者”的脉搏，感觉还在微弱地跳动。于是他赶紧选好穴位，用特殊的捻针手法给她扎针。

不一会儿，一个胖娃娃呱呱坠地，产妇也睁开了双眼。待服下孙思邈随身带的药，产妇完全苏醒过来。大家看到孙思邈一针救了两条命，都称赞他是神医。

中医正骨疗法

有时剧烈运动或猛烈撞击后，会发生关节脱臼，需第一时间去医院正骨使之复位。除了脱臼以外，骨折后也可通过正骨来治疗。

正骨，是诊治损伤的专科，又被称作伤科或骨伤科，通过推、拽、按等手法，来治疗外力造成的骨、关节、软组织损伤。骨伤从古至今发病率很高，所以正骨疗法历史悠久、分布广泛、流派纷呈，在民间也存在很多身怀绝技的正骨高手。

中医正骨疗法

历史

正骨疗法是中国传统医学宝库中的重要组成部分，距今已有3000多年历史。早在周代，就有专人掌管骨科疾病的治疗；秦汉时期形成了世代传承的基本理论和技术；元代官方医疗制度中，设有“正骨兼金镞科”。在发展和传承中，《肘后方》《千金要方》等经典著作中均记载了相关正骨手法。

申报时间：2006

申报类别：传统医药

申报地区：中央（中国中医科学院）

北京市（宫廷正骨、罗氏正骨法）

上海市（石氏伤科疗法）

……

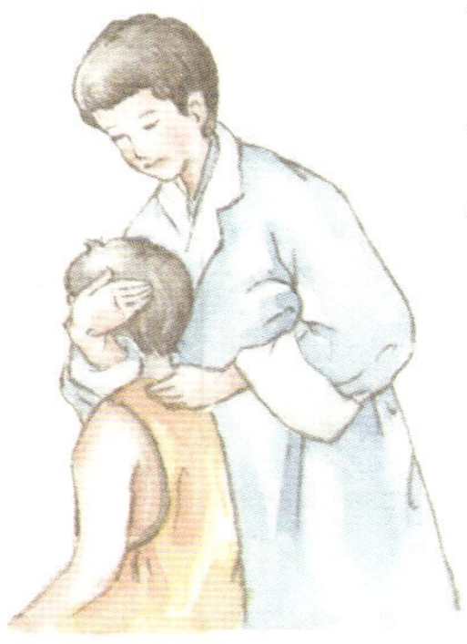

现状

如今，很多骨伤仍然通过正骨疗法来治疗。在长期的医疗实践中，已形成了一套独特的理论体例和方法。正骨术中的“小夹板固定”是中国首创的一种治疗方法，被推广到很多国家和地区。

手法

主要用于骨折和脱位，通过手法恢复骨与关节的正常解剖位置。

摸法 用手指的指腹触摸患处四周，进行检查和诊断。

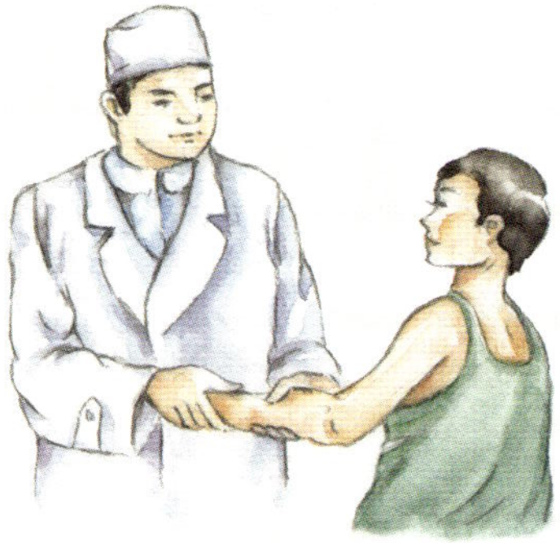

接法 将分离错落的断骨接合对位。

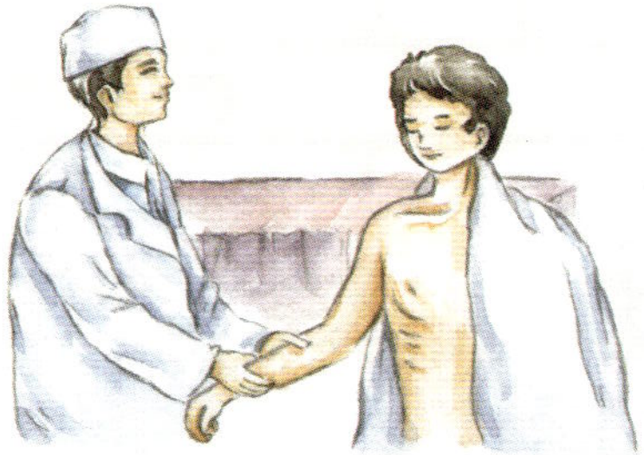

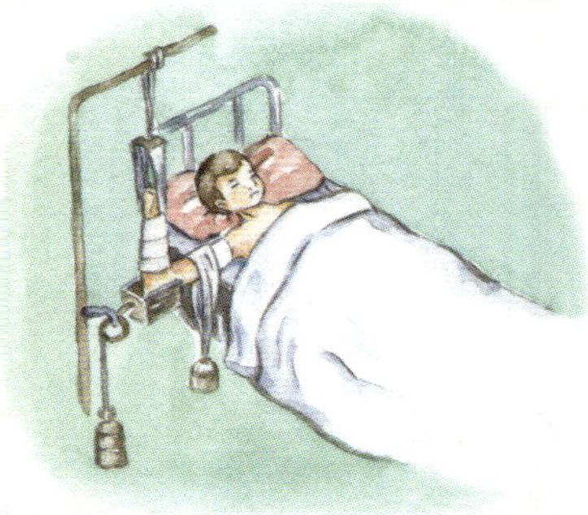

端法 医生用两手或一手握住要端的部位，根据伤势轻重而用力。

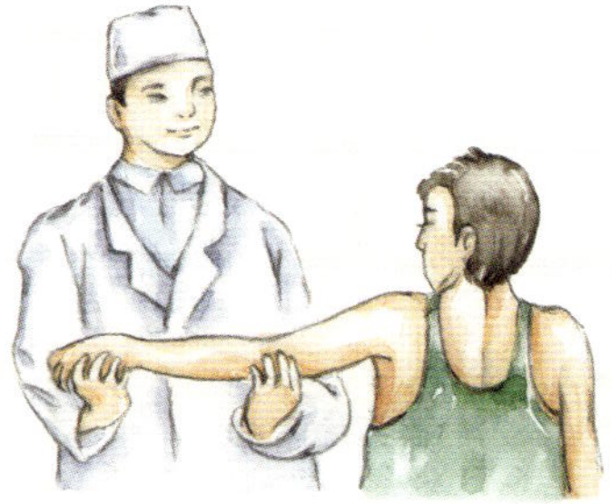

提法 即牵引法，又称拔伸法。主要是矫正患肢的短缩移位，恢复肢体长度。

按摩法 “按”是用手指往下按压，“摩”是用手徐徐揉摩。

推拿法 “推”是手推动离位的筋骨使其回纳复位。“拿”是用两手或一手捏定患处，使离位的筋骨回纳复位。

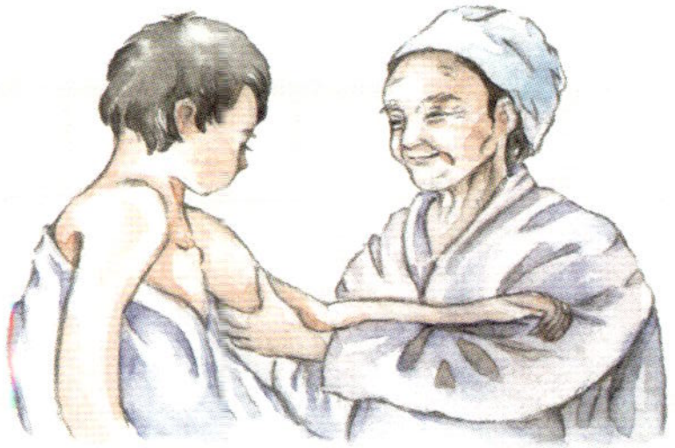

罗氏正骨

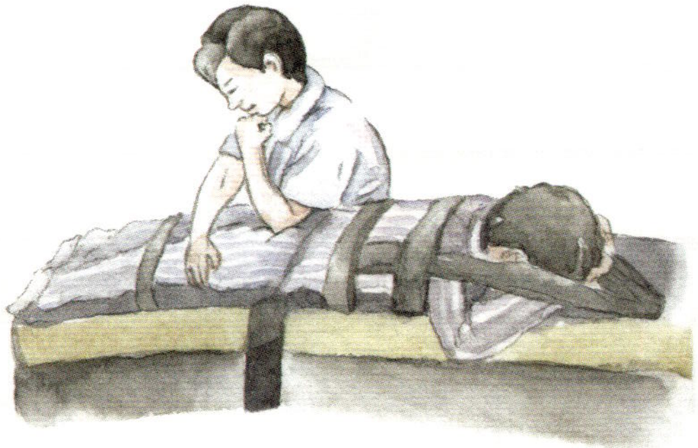

洛阳正骨

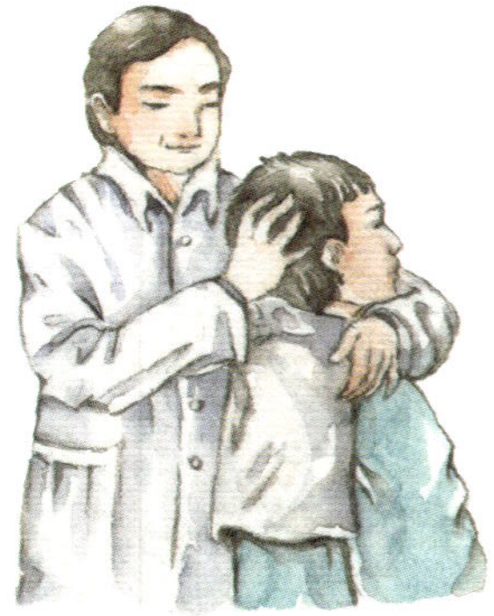

宫廷正骨 起源于清代，融合了手法治疗、中药和中医器具。

罗氏正骨 传承至今已有 300 多年历史，罗有明老太太是罗氏正骨法的杰出代表。

石氏伤科 1880 年始创于上海，倡导“十三科一理贯之”的整体观念。

洛阳正骨 源于河南洛阳平乐的“郭氏正骨法”，电视剧《大国医》正是取材于此。

柳枝续骨

古城绣林老街上开着两家中医诊所，一家叫“保和堂”，另一家叫“周氏正骨”，两门面隔街相望。

保和堂的坐堂大夫叫程云海，从医二十余年，颇有名声。周氏正骨的医生叫周全，一年前逃难到此，仗着祖传的正骨术谋生，人地生疏，上门求诊的患者并不多。

有一回，程云海的女儿程小叶左腿骨折。程大夫自感无力医治，思虑再三，请周全给女儿治病。

只见周全先以针灸法，将小叶的左腿麻醉，再用甘草水洗净患肢，切开皮肉，取出碎骨，然后将一段剥了皮的新鲜柳条切成断骨长短，打通成骨腔状，以甘草水浸泡洗净，在柳条两端和断骨的切面涂上生鸡血，再将柳条放在断骨中间，代替被去除的骨头，并将有生肌长骨之功效的“石青散”撒在伤口上，用线缝合好创口，周围外敷接骨丹软膏，最后放上杉木夹板，再缠以布带固定。

两月后，小叶的左腿已能着地走路，并无异常。

程云海知道，这就是骨科医术中最神奇的绝技——柳枝接骨，大为叹服，从此和周全成了莫逆之交。

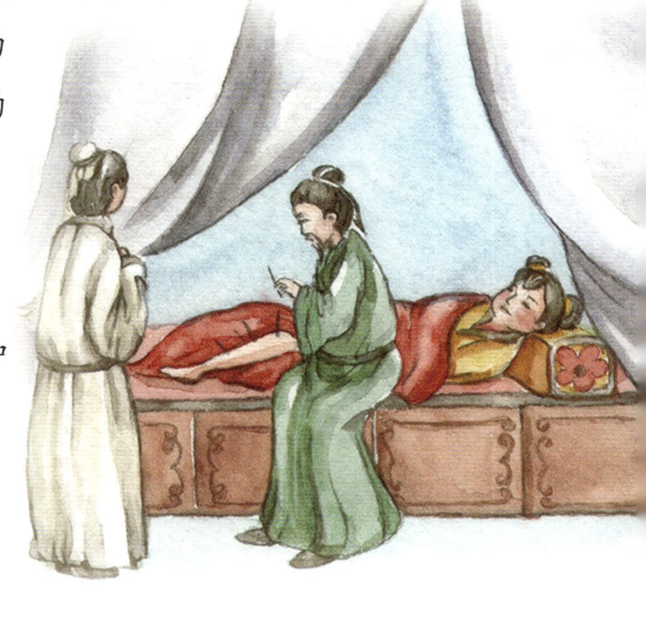

中医诊法

韩非曾讲述过“扁鹊四见蔡桓公”的故事，神医扁鹊每次进见蔡桓公都能观察到他病情的恶化，而蔡桓公不听劝告最终一命呜呼。扁鹊通过“看”，就能判断出病症，可见我国中医诊法之神奇。

中医诊法是中医学的重要组成部分，主要运用望、闻、问、切“四诊”来诊断病情。回想一下去看中医时，医生有没有让你伸出舌头来检查？伸出胳膊来切脉？

中医诊法

申报时间：2006

申报类别：传统医药

申报地区：中央（中国中医科学院）
北京市（王氏脊椎疗法、葛氏捏筋拍打疗法）
山西省（道虎壁王氏中医妇科）
……

历史

中医诊法历史悠久，战国时代的名医扁鹊就能通过“切脉、望色、听声、写形”找到疾病的原因。在历代医学家的实践中，积累了丰富的经验，逐步建立并完善了诊疗体系，强调“四诊合参”。

现状

随着西方医学的不断渗透，我国传统的中医诊法受到较大冲击，认为西医诊断更精准、更快。然而，作为传承了几千年的诊断疾病的方法，中医诊法拥有独具特色的价值和优势，我们应继续传承下去。

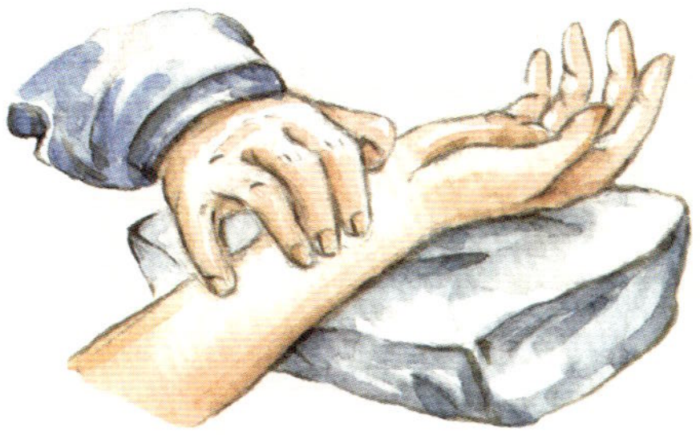

望诊　医生通过观察患者的精神、五官、形态、分泌物和排泄物等进行诊断。其中最常见也是最重要的就是望舌，通过观察舌苔、舌质，综合分析患者的病情。

闻诊　一方面是听病人说话、呼吸、咳嗽、打喷嚏等声音，另一方面是嗅口气、鼻气、排泄物的气味变化，以此进行诊断。

问诊　医生向患者或知情人询问疾病的发生、发展、症状，或者饮食、睡眠等生活细节，可充分收集疾病资料。

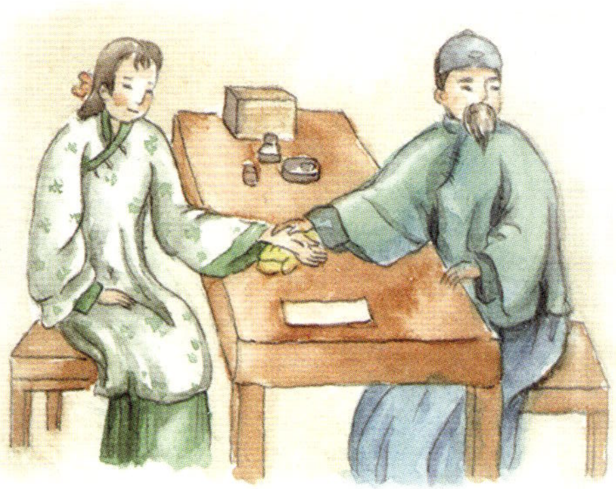

切诊　一方面包括寸口诊脉　即根据脉象变化来诊断病情，就是平时所说的刃脉；另一方面包括按诊，就是按压身体某些部立来判断病情。

五行学说

五行学说中国古代哲学中概括宇宙万物及其相互关系的学说。基本内容包括：一、将自然界和人体按木、火、土、金、水五种物质属性归纳概括为五大类。以自然界的季节和人体五脏为例，则春季和肝脏属木，夏季和心脏属火，长夏和脾脏属土，秋季和肺脏属金，冬季和肾脏属水。二、探索和阐述事物之间的相互联系，事物之间的平衡、不平衡乃至复归平衡的过程和方式。

张仲景望诊如神的故事

张仲景，人称“医圣”。一次，他凭丰富的经验，发现自己的好朋友——建安七子之一王粲，这位年仅二十几岁的年轻人身体里隐藏着重大的疾病。

张仲景对王粲说：“你已经患病了，应该及早治疗。如若不然，到了40岁，眉毛就会脱落，眉毛脱落后半年就会死去。如果现在服五石汤，还可挽救。”

王粲没觉得身体有什么不舒服，便一笑了之。过了几天，张仲景又见到王粲，问他吃药没有。王粲骗他说已经吃了。张仲景认真观察一下他的脸色，摇摇头，严肃地说：“你并没有吃药，你的神色跟往时一般。你为什么讳疾忌医，把自己的生命看得这样轻贱呢？”王粲始终不信张仲景的话，20年后眉毛果然慢慢脱落，半年就病死了。

中药炮制技术

一进中药房，除了扑鼻而来的中药味儿，最吸引人眼球的，就是一个个整齐排列的小抽屉，上面写满了甘草、当归、黄连等中药的名字。这些中药可不是采来就能直接服用的，而是在中医理论的指导下，经过一系列传统制药技术的再加工，这个过程就叫作中药炮制。

炮制既能提高药物的疗效，也可以改变药物性能，还便于长时间存放，是中医临床用药的必备工序。

中药炮制技术

申报时间：2006

申报类别：传统医药

申报地区：中央（中国中医科学院、中国中药协会）

河南省（四大怀药种植与炮制）

四川省（中药炮制技艺）

历史

中药炮制历史悠久，相传起源于神农时代，几千年来，积累了丰富的炮制方法与技术。唐代的《新修本草》是中国第一部国家药典，讲述了药物炮制的方法，标志着炮制技术开始受到政府的保护。

现状

受现代化生产工艺的冲击以及多种因素的影响，许多特殊而又可以产生特效的传统炮制技术逐渐被遗忘。所以，需加强中药炮制技术的传承和保护，以及科研队伍的建设。

方法

修制　有些药材体积较大，可切割成片、段或丝；还可以把药物磨成粉末，以符合用药要求。

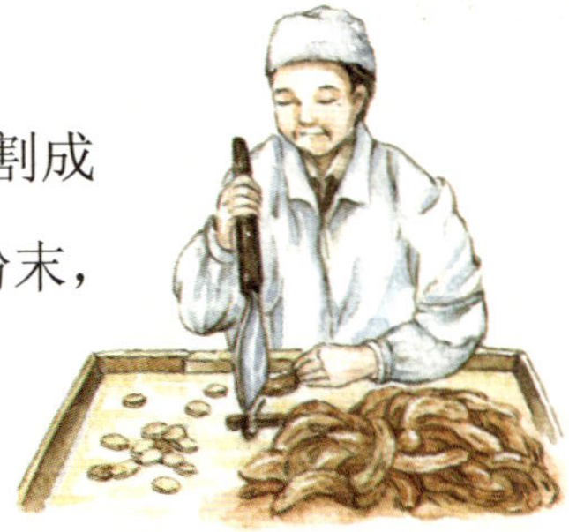

火制　通过炒、炙、煅、煨等加热处理，来改变药性、降低药物毒性、增强药物疗效。

水制　用水或其他液体，通过漂洗、浸泡等方式来处理药材，起到清洁、软化的作用。

水火共制　对药材进行蒸、煮等处理，以此祛除非药用成分。

目的

*清理药材中的泥沙、杂质、异味，保证药物质量，便于服用。

*切割或粉碎药材，便于调剂药量和配方。

*经过加热处理后，避免变质，有利于长期保存。

*通过对药物的处理，降低甚至消除毒性或副作用。

*几经炮制，可提高药物的疗效，更好地发挥作用。

*改变或缓和药物性能，降低对人体的副作用。

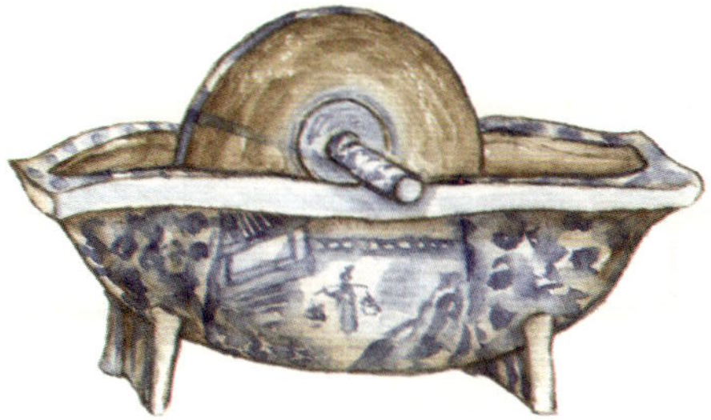

铁药碾

铜杵臼

《神农本草经》

这是我国现存最早的中药经典著作，简称《本草经》或《本经》，作者、成书具体时期已不可考。全书分为三（或四）卷，记载了 365 种药物的产地、主治病症等细节，系统总结了药学知识和用药经验，被历代奉为中药学经典。

乌头的炮制

在古代，乌头中毒事件屡屡发生。

一天，药铺掌柜雷公拿着一块乌头回家，路过好友开的豆腐店，顺手将生乌头放在豆缸旁，便与好友喝起酒来。不知不觉日落西山，雷公喝得有些醉了。回到家，他才猛想起放在豆缸旁的那块生乌头，万一掉入豆缸内，后果不堪设想。雷公连忙派人到豆腐店四处寻找那块乌头，却没有找到。主人说会不会混在豆腐中一起煮了呢？伙计在锅中打捞了半天，果然取出了乌头，此时乌头颜色已变白许多。

雷公将与豆腐同煮过的乌头，切片晒干并试用，果然毒性大减，于是他确定了制川乌的办法：用清水漂泡 5~7 天，每日换水 2~3 次，滤干后以 10 斤生药加豆腐 2 斤同煮，煮至无白心后捞出切片晒干就无毒性了。

中医养生

“有病早医，无病早防”“笑口常开，百病不来”“寒从脚起，病从口入”，这些朗朗上口的谚语，道出了最简单易行的中医养生之道。

中医养生提倡“天人合一”“阴阳平衡”“身心合一”，乍看上去这些理念艰深晦涩，但实际上是通过食养、药养等方式，达到预防疾病、增强体质、修身养性、延年益寿的功效。你在日常生活中有哪些养生之道呢？

中医养生

申报时间：2008

申报类别：传统医药

申报地区：山西省（药膳八珍汤）

福建省（灵源万应茶、永定万应茶）

历史

中医养生是中国传统文化的瑰宝。早在两三千年前，《周易》《黄帝内经》《老子》已经讲述了一套科学、完整的养生原理，不仅有预防疾病、延年益寿的医道，更上升到修身养性的精神层面。

现状

随着生活水平的日益提高，人们的养生观念逐渐增强，创造了丰富的养生保健、饮食调理方法。例如根据二十四节气的特点，人们在饮食、穿衣、锻炼等方面有不同的养生诀窍。

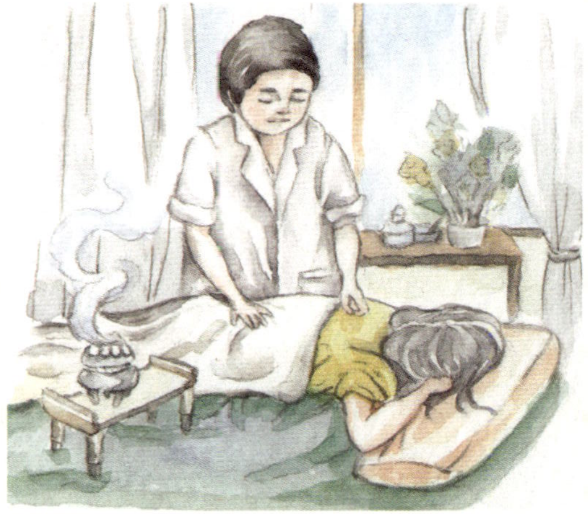

养生茶汤

药膳八珍汤　俗名“头脑”，以羊肉、粮食和中草药为原料制作而成的一种汤糊状食品，舒筋活血、养心益肾、补血生阳、健脾亍胃、益气调元、滋虚补亏。

灵源万应茶　系高僧沐讲禅师采集山茶、鬼针、青蒿、飞扬草、爵床、野甘草、墨旱莲等 17 种青草药并配以中药制成“菩提丸”后发展而成，疏风解表、调胃健脾、祛痰利湿。

永定万应茶　始于清代嘉庆年间，由福建永定著名老中医卢曾雄采用彰州独有的高山茶叶和三十多种名贵地道中药材，用独特的中药炮制工艺加工配制而成。

气功

中国古代流传下来的以自我心理调整为特色的医疗保健养生方法。古称吐纳、导引、静坐、行气、食气、服气等。气功的历史已有4000余年，起源于远古以健身治病为目的而创编的舞蹈，练功方法丰富多彩。气功属于中医学的一部分，是中国特有的一种健身术。

扁鹊与牛黄

一天，扁鹊正在桌上整理煅制好的金礞石。邻居阳宝拿来一个牛胆囊，其中有些像石头的东西。扁鹊剖开胆囊，取出两枚“石头”放在桌上，仔细琢磨。

正在这时，听说阳宝父亲的老毛病又犯了，扁鹊急忙来到阳宝家，只见阳宝的老父亲双眼上翻，喉中噜噜有声。扁鹊立即吩咐阳宝把金礞石拿来研成末，给他父亲灌下。

不一会儿，阳宝父亲就气息平静，停止抽搐了。扁鹊回家后，发现桌上的两枚“石头”不见了。仔细一想，原来阳宝在慌乱中错把这两块“石头”当金礞石拿去了。扁鹊想，难道这种“石头”真的能祛痰定惊？第二天，他有意用其配药，给阳宝父亲送服。奇迹出现了，阳宝父亲的病真的好了。于是，扁鹊就将这种黄牛胆内的深黄色之物命名为“牛黄”。